AF110427

www.ingramcontent.com/pod-product-compliance
Lightning Source LLC
LaVergne TN
LVHW021229080526
838199LV00089B/5972
9789369085705

بہار و خزاں

(حصہ نظم)

منشی نوبت رائے نظر لکھنوی

© Nazar Lucknovi

Bahaar o KhizaaN *(Poetry Collection)*

by: Nazar Lucknovi

Edition: May '2025

Publisher :

Taemeer Publications LLC (Michigan, USA / Hyderabad, India)

ISBN 978-93-6908-570-5

9 789369 085705

مصنف یا ناشر کی پیشگی اجازت کے بغیر اس کتاب کا کوئی بھی حصہ کسی بھی شکل میں بشمول ویب سائٹ پر اَپ لوڈنگ کے لیے استعمال نہ کیا جائے۔ نیز اس کتاب پر کسی بھی قسم کے تنازع کو نمٹانے کا اختیار صرف حیدرآباد (تلنگانہ) کی عدلیہ کو ہوگا۔

© نظر لکھنوی

کتاب	:	**بہار و خزاں** (نظمیں)
مصنف	:	**منشی نوبت رائے نظر لکھنوی**
صنف	:	شاعری
ناشر	:	تعمیر پبلی کیشنز (حیدرآباد، انڈیا)
سالِ اشاعت	:	۲۰۲۵ء
صفحات	:	۸۲
سرورق ڈیزائن	:	تعمیر ویب ڈیزائن

منشی نوبت رائے نظرؔ

منشی نوبت رائے نظرؔ ایک متوسط درجہ سکسینہ کایستھ خاندان میں پیدا ہوئے۔ سرزمین لکھنؤ کو آپ کی جنم بھومی ہونے کا فخر حاصل ہے۔ آپ کا سن پیدائش ۱۸۶۶ء اور آپ کی تاریخ وفات ۱۰ اپریل ۱۹۲۳ء ہے۔ ضیق النفس آپ کے لئے پیام مرگ ثابت ہوا۔

خواجہ عشرتؔ لکھنوی نے آپ کا سال وفات ۱۹۱۶ء تحریر فرمایا ہے، یہ صحیح نہیں ہے۔ محشرؔ لکھنوی نے جو قطعۂ تاریخ کہا ہے اس کے مصرعۂ تاریخ سے بھی ۱۹۲۳ء نکلتا ہے۔ یہ شعر ملاحظہ ہو۔ ؎

کلکِ محشرؔ نے لکھا سالِ وفات
شاعرِ کامل نظرؔ سے چھپ گیا

آپ کے بزرگ اٹاوہ (یو۔پی) کے رہنے والے تھے۔ یہ پہلے دہلی گئے اور بعد میں مستقل طور پر نواز گنج میں مقیم ہو گئے۔ نواز گنج لکھنؤ کے ایک مشہور محلے

کا نام ہے۔

اس خاندان کے بزرگ دہلی کی مغلیہ سلطنت اور لکھنؤ کے نوابوں سے وابستہ اور معزز عہدوں پر فائز رہے۔ آپ کا شجرۂ نسب جہاں تک معلوم ہو سکا درج ذیل ہے۔

منشی نوبت رائے نظرؔ، ولد منشی الفت رائے، ابن منشی خوش وقت رائے ابن دیوان فتح سنگھ ہر دیوا دیوان دھونکل سنگھ کے بیٹے تھے۔

نظرؔ مرحوم کے والد انگریزی۔ فارسی دونوں زبانوں میں کامل دستگاہ رکھتے تھے اور عہدِ شاہی کے بعد انگریزی حکومت میں سررشتۂ تعلیم میں معزز عہدوں پر فائز رہے۔ اضلاع اودھ کے بہت سے اسکول آپ ہی کے قائم کردہ ہیں جن میں سیتا پور ہائی اسکول خصوصیت کے ساتھ قابل ذکر ہے۔ خیرآباد، رودلی اور دریاآباد کے اسکول بھی مرحوم کی مساعیٔ جمیلہ کی یادگار ہیں۔ آپ نے ۱۸۷۹ء میں انتقال فرمایا جب کہ نظرؔ صاحب کی عمر محض تین سال کی تھی۔

نظرِ مرحوم کے دادا منشی خوش وقت رائے نے آپ کی تربیت کی اور پروان چڑھایا۔ ۱۸۸۰ء میں وہ بھی اللہ کو پیارے ہوگئے۔

حالات بتاتے ہیں کہ ابھی نظرؔ سن شعور کو بھی نہ پہنچے تھے کہ بزرگوں کا سایہ سر سے اٹھ گیا اور جملہ ذمہ داریاں آپ پر عائد ہوگئیں جن سے آپ بحسن وخوبی عہدہ برآ ہوئے۔

نظرؔ دبلے پتلے میانہ قد بزرگ تھے، رنگ گندمی تھا۔ لباس میں سادگی

تھی مگر مزاج میں بے انتہا صفائی اور نفاست تھی۔ تصنع اور بناوٹ سے بہت دور تھے کسی قسم کی نمود و نمائش پسند نہیں کرتے تھے۔ طبیعت بہت غیور، خوددار اور متین تھی۔ اخلاق بڑا شگفتہ تھا۔ ہر بات میں حسن اور لطافت مدنظر رکھتے تھے ان کو کبھی کسی سے الجھتے ہوئے نہیں دیکھا گیا۔ مرنجان مرنج طبیعت پائی تھی۔

ابتدائی تعلیم فارسی میں ہوئی۔ مولوی حسن علی لکھنوی اور مولوی نفضل علی کرسوی اول سے آخر تک آپ کے معلم رہے۔ سیاق اور علم مجلس کی تعلیم منشی رنگ لال چمن سے حاصل کی۔ خوشنویسی مولوی عبدالرزاق سے سیکھی۔

آپ انگریزی سے بھی ناآشنا نہیں رہے اور اس زبان میں اس درجہ استعداد حاصل کی کہ ٹینی سن اور دوسرے مغربی شعراء کی نظموں کا برجستہ ترجمہ اردو میں پیش کیا۔ "عشق اور موت" اور "گلاب" وغیرہ آپ کی قدرت ترجمہ پر دال ہیں۔

منشی دیا نرائن نگم کے ارشادات سے پتہ چلتا ہے کہ گو انگریزی میں اسکول کا معمولی کورس بھی ختم نہیں کیا تھا لیکن دقیق سے دقیق انگریزی مضامین کا بخوبی ترجمہ کر دیتے تھے۔

۱۸۸۴ء میں آپ آغا مظہر کے حلقۂ تلامذہ میں داخل ہوئے اور اس طرح آپ کی شاعری کا سلسلہ مصحفی تک پہنچا۔

آغا موصوف آپ پر اس درجہ مہربان ہوئے کہ اپنے دیگر شاگردوں کی غزلوں پر بھی آپ ہی سے اصلاح دلواتے تھے۔ بات دراصل یہ ہے کہ استاد نے اس جوہر قابل کو بخوبی پہچان لیا تھا اور اسی لئے اس پر زیادہ توجہ صرف

فرمائی۔ اس سعی کا نتیجہ یہ نکلا کہ نظر ادبی حلقوں میں بجائے خود ایک استادِ کامل کی حیثیت سے بہت جلد روشناس ہو گئے۔

۱۸۸۴ء میں آپ کی عمر لگ بھگ سولہ سال ہوگی۔ شاعری کا ذوق اس سے قبل طبیعت میں پیدا ہوا ہوگا۔ یہ تو صحیح معلوم نہ ہو سکا کہ آپ نے پہلا شعر کب کہا لیکن قیاس غالب ہے کہ آپ کی شاعری کی ابتدا اس وقت ہوئی ہوگی جب آپ کے شعور کی مسیں بھی پورے طور پر نہ بھیگ پائی ہوں گی۔

۱۸۹۷ء سے آپ کی اخبار نویسی کی ابتدا ہوتی ہے۔ منشی کھنولال تاب کی تحریک سے رسالہ "خدنگ نظر" کا اجرا کیا گیا۔ مذکورہ رسالے میں بتدریج مضامین نثر بھی شامل کئے جانے لگے۔ "خدنگ نظر" پیام یار کے بعد لکھنؤ کا سب سے قدیم گلدستہ تھا۔ پہلے اس کے سرورق پر یہ مطلع دیا جاتا تھا:

ے نازس ہیں اگر نگہہ فتنہ گر سے آپ
بہلائیں دل کو سیر خدنگِ نظر سے آپ

کچھ عرصہ بعد مندرجہ ذیل مقطع دیا جانے لگا۔ ے

نکلا ہے بن سنور کے "خدنگ نظر" نظر
یاں دل دھڑک رہا ہے کسی کی نظر نہ ہو

یہ رسالہ سابق نظام دکن میر محبوب علی خاں مرحوم کے نام نامی سے منسوب تھا۔ یقیناً وہ مذکورہ پرچہ کی عملی سرپرستی فرماتے ہوں گے لیکن اس کے باوجود مالی مشکلات کے باعث یہ رسالہ ۱۹۰۴ء کے وسط میں بند کر دیا گیا۔

تذکرہ نویسوں میں اس امر سے متعلق اختلاف ہے کہ آپ زمانہ کے اسٹاف میں کب شامل ہوئے۔ ان کے متضاد بیانات کے پیش نظر یہ کہنا غالباً بہت زیادہ غلط نہ ہوگا کہ آپ ۱۹۰۳ء سے ۱۹۰۵ء تک کسی وقت بھی مذکورہ اسٹاف میں شامل ہوئے۔ ۱۹۰۴ء کے وسط میں "خدنگ نظر" کی اشاعت موقوف ہوئی۔ اس سے خیال ہوتا ہے کہ آپ ۱۹۰۵ء میں زمانہ کے ادارہ میں منسلک ہوئے ہوں گے۔

۱۹۱۰ء میں انڈین پریس کی دعوت پر الہ آباد گئے اور وہاں سے "ادیب" آپ کی ادارت میں شائع ہوا بعد ازاں منشی دیا نرائن نگم کے ہفتہ وار "آزاد" کی ایڈیٹری آپ کے سپرد ہوئی۔ ۱۹۱۴ء میں لکھنؤ چلے آئے۔ یہاں "تفریح" کی کرسی ادارت آپ کی منتظر تھی۔ اور تھوڑے عرصہ کے بعد اودھ اخبار کی ادارت کا اعزاز بھی آپ ہی کو نصیب ہوا۔ خرابیٔ صحت کے باوجود آپ کو پنڈت برج ناتھ شرغہ کی تحریک پر "خادم ہند" سے بھی وابستہ ہونا پڑا۔

غرض کہ آپ نے دنیائے صحافت میں بڑا نام پایا۔ سیاسی اعتبار سے آپ اعتدال پسندانہ نظریہ رکھتے تھے۔ ہاں، عملی سیاسیات سے آپ ہمیشہ محترز رہے۔

محترم متین لکھنوی فرماتے ہیں کہ مولانا حسرت موہانی نظر مرحوم کے سب سے بڑے قدر دان تھے۔ ممکن ہے یہ صحیح ہو لیکن عملی قدر دانی کے اعتبار سے جناب حامد علی خاں بیرسٹر ایٹ لا کو مولانا موصوف پر فوقیت حاصل تھی۔ حامد صاحب کی وساطت ہی سے آپ مطبع نول کشور کے مالک پراگ نرائن بھارگو سے

متعارف ہوئے اور بہار گو صاحب نے آپ کی خدمات حاصل کرلیں۔ یہ وابستگی ۱۹۲۳ء تک قائم رہی اور یہی سال آپ کی وفات کا سال ہے۔

کچھ اس ایک واقعہ پر ہی موقوف نہیں۔ اس مجموعہ میں نظر مرحوم اور حامد علی خاں کے درمیان جو منظوم خط و کتابت ہوئی ہے، وہ بھی شامل ہے۔ اس منظوم خط و کتابت سے بخوبی اندازہ کیا جا سکتا ہے کہ بیرسٹر صاحب موصوف نہ صرف یہ کہ نظر صاحب کے قدر دان تھے بلکہ مُربّی و محسن بھی تھے۔

شاعری کے علاوہ آپ بڑے کامیاب مصوّر بھی تھے۔ خط نہایت پاکیزہ اور روشن تھا۔ چوسر اور گنجفہ کا شوق تھا اور شطرنج تو بہت خوب کھیلتے تھے۔

مباحثۂ چکبست و شرر میں "نقاد" لکھنوی سے جو مضامین منسوب ہیں، وہ آپ ہی کے زورِ قلم کا نتیجہ ہیں۔ یہ مضامین پہلی بار "زمانہ" میں ۱۹۰۵ء میں شائع ہوئے۔ مذکورہ مضامین سے آپ کی تنقیدی صلاحیتیں روشنی میں آئیں اور آپ کو اپنے زمانہ کا ایک قابل نقّاد تسلیم کیا گیا۔ بعد ازاں منیرؔ شکوہ آبادی، داغؔ دہلوی رجب علی سرور اور آخر زمانے میں آپ نے "خطوطِ اکبر" سے متعلق مضامین تحریر فرمائے۔ ان مضامین سے فی الحقیقت چار دانگ عالم میں آپ کی شہرت کے جھنڈے گڑ گئے۔ "زمانہ" میں اردو رسالوں کے حصۂ نظم کی تنقید سے متعلق جو باب ہوتا تھا وہ آپ کا ہی لکھا ہوا ہوتا تھا۔

تنقیدی مضامین کے علاوہ آپ نے چند ناول انگریزی سے ترجمہ فرمائے ہیں جن میں "شامِ جوانی" خصوصیت سے قابلِ ذکر ہے۔ "حسین رانی" اور "عروج و زوال" آپ کے طبع زاد ناول ہیں۔ رینالڈز آپ کا محبوب

ناول نگار تھا۔

محترم منور صاحب نے آپ کی وفات سے متاثر ہو کر دو نوحے تصنیف فرمائے۔ یہ دونوں نوحے کائنات دل کے اولین ایڈیشن میں موجود ہیں۔ ان کے مطالعے سے پتہ چلتا ہے کہ حضرات صفی، احمد علی شوق، چکبست، کاظم حسین محشر عزیز، دیا نرائن نگم، کشن پرشاد کول، پنڈت برج ناتھ شرغہ، کندن لال شرر اور منشی پریم چند سے مرنے والے کے خصوصی تعلقات تھے۔ ان کے علاوہ مولانا شبلی، حامد علی خاں بار ایٹ لا، مولانا عبدالماجد دریا بادی، اکبر الہ آبادی، مولانا حسرت موہانی، مولانا ثاقب، بہار، جن صاحب بلیغ، چمن صاحب ثروت شفیق، پنڈت بشن نرائن در آبر، پنڈت رادھے ناتھ گلشن، سرتیج بہادر سپرو اور منشی لچھمن پرشاد صدر کو آپ کے حلقۂ احباب میں ممتاز ترین حیثیت حاصل تھی۔

نظر مرحوم کے تلامذہ میں سب سے زیادہ شہرت محترم منشی بشیشور پرشاد منور لکھنوی کے حصے میں آئی ہے۔ خدمت سے عظمت ہے اور اردو ادب کی جو خدمت منور صاحب کے ہاتھوں ہوئی ہے وہ سب پر ظاہر ہے۔ لہٰذا اس اجمال کی تفصیل غیر ضروری ہے۔

منور صاحب کے علاوہ تلامذۂ نظر میں حافظ محمد حسین تمیز، میر وہب علی اثر مراد حسن مراد کلکتہ والے، سلامت اللہ اسلم خوشنویس (کان پور) منشی برج موہن لال محب وریا آبادی، حاجی تجمل حسین تجمل، قدرت غنی صابر مدراسی اور منشی عبدالسبحان کا ذکر کیا جا سکتا ہے۔

جانکاہ حادثات سے کسے مفر ہے؟ حضرت نظر بھی مستثنیات میں سے نہ تھے۔ والدۂ محترمہ کی وفات سے آپ بہت متاثر ہوئے۔ یہ دل دوز نوحہ شامل مجموعہ ہے۔

ماں باپ ہمیشہ کس کے بیٹھے رہتے ہیں؟ یہ دن تو جلد یا بدیر ہر ایک کے لئے مقدر ہے۔ لیکن ستم یہ ہوا کہ اولاد نرینہ تو تھی ہی نہیں، نواسہ البتہ تھا جس پر جملہ خوشیوں کا دارومدار تھا۔ قدرت کو ان کی یہ ذرا سی خوشی بھی منظور نہ ہوئی اور یہ ہنستا کھیلتا بچّہ دیکھتے ہی دیکھتے ہاتھ سے جاتا رہا۔ کچھ عرصہ بعد ماں بھی بچّہ سے جا ملی اور نظر صاحب کو دائمی مفارقت میں مبتلا کر گئی۔ بلا مبالغہ نظر کا کلیجہ کٹ گیا، کمر ٹوٹ گئی اور نگاہوں میں دنیا تاریک ہو گئی اس پُر درد سانحہ پر آپ نے جو نوحہ تصنیف فرمایا ہے وہ اردو ادب میں یادگار رہے گا۔

نواسہ فوت ہوا تو آپ نے اپنے بھائی کے داماد کے فرزند میں اپنے کھوئے ہوئے نونہال کو تلاش کرنا چاہا لیکن ایک روز وہ چھت سے ایسا گرا کہ چار روز بعد جان نکل گئی۔ مشیت ایزدی میں کسے چارہ۔ سے سر پر گرے پہاڑ تو فریاد کیا کرے۔

یوں تو آپ کی وفات پر ملک کے مختلف مقامات پر صف ماتم بچھ گئی۔ لیکن ہندو پاٹھ شالہ اشرف آباد میں جو تعزیتی جلسہ ہوا، اس کی خصوصیت یہ ہے کہ مشہور نقاد اور قومی شاعر پنڈت برج نرائن چکبست نے بہ نفس نفیس اس کی صدارت فرمائی۔

حضرات منورؔ لکھنوی اور جگرؔ بریلوی نے آپ کے مضامین نثر اور منظومات سے متعلق ایک فہرست مرتب فرمائی ہے۔ مضامین نثر کی فہرست درج ذیل ہے اور منظومات میں سے جو نظمیں ہمیں حاصل نہ ہو سکیں، ان کا ذکر کر دینا مناسب خیال کیا گیا ہے۔

مضامین نثر:

۱۔	زمانہ با تو نسازد تو با زمانہ بساز	زمانہ ستمبر ۱۹۰۳ء صفحہ ۲۲ ـ ۲۸
۲۔	تنقید گلزارِ نسیم	معرکۂ چکبست و شرر صفحہ ۶۵ ـ ۱۸۶
۳۔	آخری شاہ اودھ	شمس بنگالہ ۷ ـ ۸ ـ ۱۹۰۸ء
۴۔	امیر تیمور	تنویر المشرق ۱۹۰۸ء صفحہ ۶ ـ ۷
۵۔	انیس مغفور	زمانہ فروری ۱۹۰۸ء صفحہ ۸۷ ـ ۱۰۲
۶۔	تنقید کتب	زمانہ مئی و جون ۱۹۰۸ء
۷۔	نمائش کی ابتدا	ادیب دسمبر ۱۹۱۰ء صفحہ ۲۴۳ ـ ۲۴۶
۸۔	لکھنؤ کے قدیم نظارے	ادیب اگست ۱۹۱۰ء صفحہ ۵۷ ـ ۶۰
۹۔	تاج سخن	زمانہ جنوری ۱۹۱۱ء صفحہ ۸۱ ـ ۸۸
۱۰۔	مصورانِ سخن لکھنؤ	ادیب مارچ ۱۹۱۱ء صفحہ ۱۰۵ ـ ۱۱۳
۱۱۔	لکھنؤ کے قدیم سنتین	زمانہ مارچ ۱۹۱۲ء صفحہ ۱۵۴ ـ ۱۶۱
۱۲۔	آثارِ اودھ	زمانہ ستمبر ۱۹۱۲ء صفحہ ۱۳۹ ـ ۱۶۴

۱۳۔ خطوط منشی امیر احمد — زمانہ نومبر ۱۹۱۲ء صفحہ ۱۹۹ — ۲۰۵

۱۴۔ تنقید کتب — زمانہ اپریل و مئی ۱۹۱۳ء صفحہ ۲۷۱-۳۴۲

۱۵۔ اردو رسالوں کا حصہ نظم — زمانہ جولائی، اگست ستمبر صفحہ ۳۴۴-۳۴۹

۱۶۔ میاں غلام حسین شاہ — زمانہ جولائی ۱۹۲۰ء صفحہ ۲۵ - ۳۱۔

منظومات

۱۔ فصل بہار	زمانہ	اگست	۱۹۱۲ء
۲۔ قطرات باراں	زمانہ	اگست ستمبر	۱۹۱۳ء
۳۔ مظالم جنوبی افریقہ	آزاد	نومبر	۱۹۱۳ء
۴۔ فکر مجبور	زمانہ	جنوری	۱۹۱۳ء

۵۔ نوحہ بر وفات رائے بہادر پراگ نرائن بھارگو مالک مطبع نول کشور و اودھ اخبار لکھنؤ } اودھ اخبار ۱۹۱۵ء

شاید مناسب ہوگا اگر ان ماخذ کا بھی ذکر کر دیا جائے جو اس مجموعے کے سلسلے میں نثر و نظم کی تکمیل کے لئے پیش نظر رکھے گئے ہیں۔

۱۔ "یادِ رفتگاں"۔

۲۔ "یادگارِ نظر" قلمی مسودہ۔

۳۔ جناب منور لکھنوی کا ایک غیر مطبوعہ مضمون۔

۴۔ "رہنما کے قدموں میں" حضرت منور لکھنوی۔ "آجکل" ستمبر ۱۹۵۵ء

۵۔ بیاضِ جناب دیریندر پرشاد سکسینہ بدایونی۔

۶۔	ہندوؤں میں اردو	سید رفیق مارہروی
۷۔	ہندو ادیب	ناظرؔ کاکوری
۸۔	بہارِ سخن	برقؔ سیتاپوری
۹۔	تذکرۂ شعرائے ہنود	خواجہ عشرت لکھنوی
۱۰۔	دورِ جدید کے چند منتخب ہندو شعراء	پروفیسر عبدالشکور ایم اے
۱۱۔	سازِ زندگی	جناب کاشی ناتھ مہر دتہ
۱۲۔	تاریخ ادب اردو	ڈاکٹر رام بابو سکسینہ
۱۳۔	یادگار برق	طالبؔ دہلوی

اردو ادب کے منصف مورخ حضرت۔ نظرؔ کو یقیناً اردو کے محسنوں کی صف اول میں جگہ دیں گے۔ یہی ان کی خدمات کا تقاضا ہے۔

طالبؔ دہلوی

انتساب

عالیجناب

حافظ محمد ابراہیم صاحب

(گورنر پنجاب)

کے نام

جنہیں

اردو شعر و ادب سے عشق کے درجہ تک لگاؤ اور دلچسپی ہے۔

منظومات

عشق و موت

اِک سُہانی رات کو چھٹکی ہوئی تھی چاندنی
ماہِ کامل دے رہا تھا اپنی پوری روشنی
خُلد کے صحنِ معطر میں خراماں عشق تھا
دیکھتا تھا ہر طرف پڑتی تھیں نظریں جابجا
سامنے ہی صحن میں تھا اِک درختِ پُر بہار
جس کے نیچے پھر رہی تھی موت تنہا بے قرار
اور یہ کہتی تھی ہر دم عشق سے کر کے خطاب
جا یہاں سے، یاں تِرا کیا کام او خانہ خراب

یہ جگہ ہے دو گھڑی تیرے ٹہلنے کے لئے
لطف اٹھانے کے لئے، جی بہلنے کے لئے
عشق نے پھیلائے پر اڑنے کو اور رو کر کہا
اب تو ہے تیرا زمانہ، جو کہے تو، ہے بجا
تیری ہستی اس طرح ہے جس طرح سے اک شجر
ڈالتا ہے دھوپ کے وقت اپنا سایہ خاک پر
بس یونہی اس غیر فانی روشنی میں عمر بھی
اک شجر ہے، اور تو ہے اس کا سایہ واقعی
لیکن اس سایے کو کب ممکن ہے عالم میں بقا
جب شجر گرتا ہے، ہو جاتا ہے سایہ بھی فنا
تو فنا ہو جائے گی، مجھ کو بقا ہے بے گماں
تا ابد ہر چیز پر یونہی رہوں گا حکمراں

(ٹینی سن)

وفاتِ مادر

درد اُٹھا تھا نہ ایسا قلبِ شیدا میں کبھی
یہ ہجومِ غم ہوا ہم پر نہ دنیا میں
اشکِ خونیں بارہا آنکھوں سے ٹپکے تھے مگر
اس قدر سُرخی نہ تھی خونِ تمنا میں
اپنے گھر میں آج ویرانی جو آتی ہے نظر
ہُو کا عالم یہ نہ ہوگا دشت و صحرا میں کبھی
خشک ہوتا ہے وہ دریائے محبت آہ آہ
جس کی طغیانی رُکی دم بھر نہ دنیا میں کبھی

سر سے سایہ باپ کا اٹھتے ہوئی مدت مگر
تھا نہ یہ دردِ یتیمی قلبِ شیدا میں کبھی
مہرِ مادر نے لیا دل ہاتھ میں کچھ اس طرح
ایک آنسو تک نہ تھا چشمِ تمنا میں کبھی

زندگی ہنستے ہی گزری خوش رہے ہر وقت ہم
دل نہ تھا اندیشۂ دنیا و عقبیٰ میں کبھی
صبح ہوتی تھی کہیں اور شام ہوتی تھی کہیں
بزمِ عشرت میں کبھی، سیر و تماشا میں کبھی

ہو گیا آغوشِ مادر بھی جدا آج اے نظرؔ
اب ملے گی ایسی راحت پھر نہ دنیا میں کبھی

دسہرہ

ہے دسہرہ یادگارِ عظمتِ ہندوستاں
ہندوؤں کی اِک قدیمی فتح و نصرت کا نشاں
اِک مِٹی سی یہ نشانی دولت و اقبال کی
یاد دلواتی ہے اُن ایّامِ فرخ فال کی
جبکہ تھی ہم میں بھی ایسے زور و طاقت کی نمود
ہیچ تھی دیوانِ روئیں تن کی جس سے ہست و بود

جب اکیلے اُٹھ کھڑے ہوتے تھے ہم بہرِ نبرد
اور کر دیتے تھے اپنے دشمنوں کو گرد گرد

دل میں ہمت، ہاتھ میں اپنے فقط تیر و کماں
لشکرِ کفار میں جن سے تھا شورِ الاماں

باندھ کر وہ پُل، سمندر کو کیا ہم نے عبور
جس کو حیراں دیکھ کر ہیں آج بھی اہلِ شعور

فوجِ راون لاتعد تھی ریگِ صحرا کی طرح
اور اُمنڈ آئی تھی وقتِ جنگ دریا کی طرح

راونِ خونخوار اور وہ کوہ پیکر اس کے دیو
جن کی خونخواری کا تھا سارے زمانے میں غریو

قلعہ وہ لنکا کا جو ناقابلِ التسخیر تھا
جس پہ نازاں اپنے دل میں راونِ بے پیر تھا

تھے طلائی بُرج جس کے اور مرصّع بام و در
جن کی چوٹی پر نہ پہنچے کوئی مُرغِ تیز پر
ہو وہ لعل و زمرّد تھی وہاں کی خاک بھی
اِک طلسم ایسا کہ قاصر تھا جہاں ادراک بھی
ہم نے ایسے دشمنوں پر فتح پائی تھی کبھی
اپنے حصّے میں بھی یہ معجز نمائی تھی کبھی
آج وہ دن ہے کہ ہم اس یاد کو تازہ کریں
روئے زیبائے عروسِ فتح پر غازہ کریں
مِل کے گائیں رام کے گُن، دل میں ہو جوشِ سُرور
قلبِ صافی مخزنِ وحدت ہو، سینہ رشکِ طُور
یہ دسہرہ عشرۂ عشرت ہے اپنے واسطے
خالقِ کونین کی نعمت ہے اپنے واسطے

مجذوب کی بڑ

پئے سیر و تماشا کیا تم اس گلزار میں آئے
ہوئے گُل کے، نہ چشمِ نرگسِ بیمار میں آئے

سمائے چشمِ عاشق میں حبیب، اک بات ہے لیکن
مزا جب ہے نظر عاشق نگاہِ یار میں آئے

کرو گے تم چمن کی سیر چشمانِ بصیرت سے
ثمر دانہ میں دیکھو اور نظر گُل خار میں آئے

دوئی کو گر مٹا دے تو، خودی کو گر گرا دے تو
تو شکلِ یار پھر تجھ کو نظر اغیار میں آئے

کہاں تھے ہم، یہیں تھے اور یہیں ہو گئے جہاں جائیں
کہاں جائیں، نظر ہر شے جو شکلِ یار میں آئے

نہیں ہے یہ مقام آہ و بکا، حرص و ہوا کی جا
رہے اس دم بجز و بلبل گر اس گلزار میں آئے

(۲)

تو اے اشکالِ گوناگونِ عالم کے تماشائی
بنا تو ہی یہ سب نیرنگیاں کس رنگ سے چھائی؟

گُل و سنبل یہ کیا ہیں، باغ کیا ہے، کون مالی ہے
کبھی گلزارِ عالم میں یہ سوچا تُو نے سودائی
کبھی سنبل سے اُلجھا، دیکھی نرگس، بولا سوسن سے
نہ سمجھا رازِ معنی کو تُو اے صورت کے شیدائی
گیا کھِل دیکھ کر گُل کو۔ دِیا روشن کے بلبل کو
حواسوں کے فسوں کی سیر ناداں تجھ کو کیا بھائی
عیاں کثرت میں ہو وحدت۔ نہاں وحدت میں کثرت ہو
یہ ہے لاشرک کی شان اور یہ ہے اندازِ یکتائی
شہود و شاہدِ اصلی مشاہد میں نظر آئے
جو۔ اصل ہو تِری چشم و دل کو نورِ بینائی
بُتوں کی شکلِ زیبا پر تُو کیا مفتون و شیدا ہے
محیطِ کُل نے کیوں مصنوعی زنداں میں جگہ پائی
ڈھنڈھورا شہر میں، لڑکا بغل میں ہے مثل تیری
دکھائی دے جو دیکھے آپ میں وہ شکل رعنائی
یونہی دیکھو تو دنیا ایک ناٹک اِک فسانہ ہے
نظرؔ ہو اصل پر تو پھر حقیقی کارخانہ ہے

بہار و خزاں

بہت ہیں گلشنِ عالم میں سُنبل و ریحاں
ہجومِ غنچہ و گُل سے ہے جہاں میں بے پایاں
نہیں ہے فصلِ بہاری پہ لُطفِ گُل موقوف
کہ دل فریبیٔ انساں کے ہیں بہت ساماں
خزاں میں گرچہ نہیں کوئی لُطف گلشن میں
مگر بہار یہ ہوتا ہے جب بھی باغِ جہاں
چمن میں خاک جب اُڑتی ہے بادِ صرصر سے
درخت ہوتے ہیں پت جھڑ سے جن کے عریاں
زمیں کی جبکہ رطوبت کو دھوپ کرتی ہے جذب
گیاہ کا نہیں رہتا ہے جب زمیں پہ نشاں
جب آفتاب کی حدّت سے صورتِ دوزخ
زمیں کے ساتھ ہر اک چیز ہوتی ہے سوزاں
ہوائے گرم کے جھونکے جگر جلاتے ہیں
تپش سے قہر کی ہوتے ہیں مضطرب انساں

نکل کے شہر سے دیکھو فضاءِ دشت و جبل
اگر ہے مدِ نظر سیرِ قدرتِ یزداں
کہیں پہ لطف فزا ہے چنار کا عالم
عجب بہار ہے صحرا میں ہیں یہ شعلہ فشاں
جلیں ہوا کی رگڑ سے یہ نخلِ آتشبار
ہوں جن کے شعلوں سے گلہائے آتشیں خنداں
کہیں پہ ڈھاک ہے پھولا ہوا بیاباں میں
لگی ہے آگ سی وہ سرخ پھولوں کا ہے سماں
ہے طرفہ تر یہ تماشائے قدرتِ یزداں
بہاراں کی ہوا اس دم جب آئے فصل خزاں
کہیں پہ دشت میں جلتے ہیں نخل ساکھو کے
ہوا سے اور بھڑکتی ہے آتشِ پنہاں
بہت سی وشت و جبل میں ہیں بوٹیاں ایسی
کہ جن کے کھلنے کا موسم یہی ہے وقتِ خزاں
بہت سے پودے ہیں ایسے سدابہار ہیں جو
جہاں میں جن کو خزاں و بہار ہے یکساں

مگر ہے وقتِ مقرّر یہ موت اُن کو بھی
عمل خزاں کا نہیں دوران سے بھی چنداں
اگرچہ لُطف سے خالی نہیں ہے موسمِ گُل
مگر خزاں میں بھی مضمر ہے قدرتِ یزداں
نہیں ہے صنعتِ صانع کی انتہا کوئی
یہ وہ طلسم ہے جس کا نہیں کوئی پایاں
عجب ہیں اس میں تغیّر، عجیب ردّوبدل
کبھی بہار کا موسم، کبھی ہے فصلِ خزاں
رواں ہے دورِ مسلسل نظامِ عالم میں
کہ مرگ و زیست کا ہوتا ہے جس سے راز عیاں
اصولِ قدرتِ خلّاق ہیں نمود و فنا
کھلے یہ راز جو کیجے تعمق و امعاں
بحالِ خود نہیں رہتی ہمیشہ کوئی شے
گواہ اس پہ ہیں ہر دم تغیّراتِ جہاں
بہار کیا ہے؟ ہے مختصر شبابِ غنچہ و گُل
کہ دل فریب ہو جیسے جوانیِ انساں

خزاں ہے نام زوالِ شباب کا غافل
اسی کو کہتے ہیں پیری جو موت کا ہے نشاں
یہی اصول ہے ہر شے میں جاری و ساری
یہی حیات، یہی موت کا ہے راز نہاں
یہ خاص روح جو ہے خاص جزوِ خالقِ کل
بجز بقا کے فنا کا نہیں ہے جس میں گماں
اسی طرح سے بدلتی ہے مختلف قالب
اسی طرح سے ہر اک شے میں ہے عیاں و نہاں
فنا جو روح کو ہو پھر رہے نہ کچھ باقی
نہ مرگ و زیست کبھی ہو، نہ ہو بہار و خزاں

انتقالِ جلالؔ

یادگارِ ناسخؔ و رشکؔ و بلالؔ
رہ گئے تھے ایک باقی بس جلالؔ
سرگروہِ نکتہ سنجانِ زمن
شاعرِ کامل، ادیبِ بیمثال
آج دنیا سے ہوا اُن کا بھی کوچ
جھلملا کر بجھ گئی شمعِ کمال
ہو گئی سنسان وہ بزمِ ادب
جس کا ثانی اب جہاں میں ہے محال
کم نہ تھا کچھ ماتمِ داغؔ و امیرؔ
اس پہ طرّہ ہو گئی مرگِ جلالؔ
اٹھ گئے ایک ایک کر کے سب بزرگ
ہند پہ نازل ہے کیا قحط الرجال

کامل و مشاق و ماہر اب کہاں
اب کہاں وہ منظہرِ شیریں مقال
شاعری نے دل پہ کھائے ہیں وہ زخم
تا قیامت ہو نہ جن کا اندمال
اب کہاں وہ لطفِ اندازِ قدیم
اب کہاں اگلی سی وہ قال و مقال
نظم میں باقی نہیں آدابِ فن
شاعری کے مٹ گئے سب خد و خال
سو برس میں جمع جو باتیں ہوئیں
دس برس میں ہو گئیں خواب و خیال
چشمِ عبرت ہو تو اے اہلِ نظر
انقلابِ دہر کی دیکھو مثال
جس طرح آب و ہوا میں ہند کی
اب نہیں باقی وہ اگلا اعتدال
بس اسی صورت وہ تہذیبِ قدیم
رفتہ رفتہ مٹ گئی بے قیل و قال

سرِ دار اشکوہ

اے سرِ مقتول و خون آلود، اے تن سے جُدا
شعلۂ شمعِ سحر کی طرح گردن سے جُدا
اے سوارِ دوشِ مرگ، اے زینِ توسن سے جُدا
اے سراپا بیکسی، اے اپنے مدفن سے جُدا
کس نے توڑا شاخ سے تجھ کو گلِ تر کی طرح
کیوں جدا ہے جسم سے مینا و ساغر کی طرح

کس کی تیغِ تیز نے ڈھایا ہے تجھ پر یہ ستم
بیکسی روتی ہے تیرے حال پر کیوں دمبدم
اب نہ وہ اورنگ افسر ہے، نہ وہ جاہ و حشم
کیا ہوا وہ لشکرِ جرار، وہ طبل و علم
وہ دلاور، وہ سپہدارانِ غازی کیا ہوئے
وہ یلانِ صف شکن ترکی و تازی کیا ہوئے

کیا ہوئے وہ پیلتن، وہ تیغ زن، خنجر گذار
جن کی ہیبت سے لرزتی تھی زمین کارزار
کٹ گئے میداں میں کیا سب رفیق و جاں نثار
پھر گئی تیغِ ستم سب کے گلے پر ایک بار
رزمگہ میں کیوں ترا لاشہ پڑا ہے بے کفن
جس پہ منڈلاتے ہیں صدہا کرگس و زاغ و زغن

اے گلِ رعنائے باغِ شہریاری، آہ آہ!
تھی بھی تیرے لئے بادِ بہاری، آہ آہ!
تیرے غم میں اک جہاں ہے محوِ زاری، آہ آہ
جاں بلب شاہِ جہاں کی بے قراری، آہ آہ!
دل تڑپ کر رہ گیا نورِ نظر کے واسطے
ایک مرہم تھا یہی زخمِ جگر کے واسطے

تُو ملا تھا اک سعادت مند بیٹا باپ کو
اور لڑکے تھے عزیز ایسے نہ اصلا باپ کو
تیرے دم سے تھا ضعیفی میں سہارا باپ کو
سلطنت کے کام میں دیتا مدد تھا باپ کو
قتل ہونے سے ترے کچھ رنگ دنیا اور ہے
عالم ہستی کا اب آنکھوں میں نقشا اور ہے

باپ نے تجھ کو دیا جب سلطنت پر دسترس
بڑھ کے اس سے بھی ہوا تو داد رس، فریاد رس
تیرے دورِ سلطنت میں خوش رہے مور و مگس
مائلِ فریاد ہوتے تھے نہ مرغانِ قفس
ہند کو اک ابرِ رحمت تھی جہانبانی تری
آج تک لوگوں کے لب پر ہے ثنا خوانی تری

اے سرِ امید گاہِ خلق اے خونیں کفن
اے سراپا نقشِ حیرت، اے خموش، اے بے دہن
اے سکوت افزائے بزمِ ہستی و سازِ محن
ہو زبانِ حال سے للہ کچھ گرمِ سخن
تو سرِ آگاہِ راز و مخزنِ اسرار ہے
کب تجھے یہ بے زبانی مانعِ گفتار ہے

خاک و خوں سے ہو رہی ہے کیوں تیری شست و شو
کیوں چھڑایا جا رہا ہے تیرے چہرے سے لہو
کیوں ہوا ہے قتل کر کے مہرباں تجھ پر عدو
خوں بہا دینے کی پیدا کیا ہوئی ہے آرزو
جو نہ ہو پہچاننے کو تیرے یہ ساماں ہے
شست و شو نے خاک و خوں از بہرِ اطمینان ہے
طشتِ زر میں تجھے لائے ہیں کیوں بیدادگر
کیا یہی معراج ہے تیرے لئے اے نامور
کیا یہی وہ تختِ طاؤسی ہے اے والا گہر
جلوہ فرما جس پہ تو ہوتا تھا با صد کر و فر
جس کی ضو کے سامنے مہرِ درخشاں گرد تھا
عرش و کرسی ہیچ تھے تختِ سلیماں گرد تھا
قتل گہ میں کر رہا تھا کون تیری جستجو
طشت میں تجھ کو لئے جاتے ہیں کس کے روبرو
ہو گیا کیسا سفید افسوس دنیا کا لہو
ایک بھائی کی ہے تیغ اور ایک بھائی کا گلو
حرصِ دنیا آدمی کے دل سے جانے کی نہیں
جانتا ہے یہ کہ ہم کو موت آنے کی نہیں

اے جہانِ بے ثبات اے ہستیٔ ناپائدار
کس توقع پر کرے انساں تیرا اعتبار
دو گھڑی بھی ایک حالت پر نہیں تجھ کو قرار
اک طلسمِ عبرت افزا ہیں ترے لیل و نہار
رونقِ بزمِ جہاں اپنی نظر میں خاک ہے
یہ تماشا اہلِ دل کو سخت عبرت ناک ہے

ابرِ بہار

جھومتی آتی ہے مغرب سے وہ اِک کالی گھٹا
رقص کرتی، راگ گاتی، منتشر زلفِ رسا
سر سے لیکر پاؤں تک چھائی ہے متوالی ادا
دمبدم طغیانیِ مستی و شورِ نغمہ زا
بھر گئے ارگن ہوائیں ابر کی آواز سے
بزمِ عالم گونج اُٹھا، نغمہ ہائے راز سے

دامنِ کہسار سے گذری ہے اِٹھلاتی ہوئی
دخترِ دوشیزۂ دہقاں کو للچاتی ہوئی
پیچھے پیچھے دوڑتی آتی ہے گھبراتی ہوئی
ہاتھ آ جائے یہ دولت کس طرح جاتی ہوئی
بھینچیے کیوں کر اسے بڑھ کر کنارِ شوق میں
ہائے کیا ننھا سا دل ہے کس فشارِ شوق میں

بجلیاں دامن میں ہیں شوخی میں اپنی بے نظیر
بن گئی بڑھ کر نقابِ عارضِ مہرِ منیر
جب افق پر جا کے چمکی با ادائے دل پذیر
کھینچ دی چمکا کے بجلی ایک سونے کی لکیر
ڈر گئے معشوق جب چمکی یہ بجلی زور سے
ہل گئے سینوں میں دل اس کی کڑک کے شور سے

ہو گیا بیدار عالم آ گئی فصلِ بہار
پڑ گئے باغوں میں جھولے، گا رہے ہیں سب ملار
کھل گئے گلہائے رنگیں، لہلہائے سبزہ زار
کوئلوں کی کوک نے ڈالی ہے دنیا میں پکار
بلبلوں کے چہچہوں سے بوستاں پُر شور ہے
میکشوں کے جمگھٹوں سے اک جہاں پُر نور ہے

لے کے بربط نکلی ہے سلمیٰ بھی اپنی قبر سے
باہر آئی جھوم کر لیلیٰ بھی اپنی قبر سے
نکلے ہیں جمشید بھی، دارا بھی اپنی قبر سے
اور سکندر سا جہاں پیما بھی اپنی قبر سے

اُٹھ کے بیٹھا ہے جہانگیرِ شہِ رنگیں مزاج
بزمِ کہنہ از سرِ نو منعقد ہوتی ہے آج

جامِ جم نکلے زمیں سے بعدِ مدت اے مغاں
انجمن کی دھوم ہو جائے جہاں اندر جہاں
اہتمامِ بزم اے ساقی ہو با صد عزم و شاں
کان میں آئے نہ اب رندوں کی فریاد و فغاں

بزم میں شاہنشہانِ ہفت کشور آئیں گے
نازنینانِ پری وش، حور پیکر آئیں گے

جلوہ گر ہوں ایک جانب آج محمود و ایاز
بعد مدت کچھ کھلے کیفیتِ راز و نیاز
ہو نہ کچھ شاہ و گدا میں آج فرق و امتیاز
ابرِ رحمت سر پہ چھایا ہے، درِ جنت ہے باز

جامِ زریں ہیں لبالب بادۂ گل رنگ سے
گونج اُٹھی بزم آوازِ رباب و چنگ سے

مستیاں پیدا ہیں گلشن کے درو دیوار سے
لغزشِ پا کا مزا پوچھے کوئی مے خوار سے
ٹپکی پڑتی ہے جوانی پھول کی، ہر خار سے
اِک سماں ہے نغمہ ہائے عندلیبِ زار سے
سازِ ہستی بج رہا ہے ابر کی رفتار پر
دوڑتے ہیں نغمہ دلکش ہوا کے تار پر

ابر میں ہے چراغِ زیرِ داماں کی طرح
دھیمی دھیمی روشنی ہے داغِ پنہاں کی طرح
جلوہ گر پردہ میں ہے شمعِ شبستاں کی طرح
چاہ میں بیٹھا ہے چھپ کر ماہِ کنعاں کی طرح
جھانک لیتا ہے جو یہ پردہ اُٹھا کر دُور سے
دفعتہً معمور ہو جاتی ہے دنیا نور سے

آسماں پر ابر اندھیری رات میں چھایا ہوا
چاند کا چھپنا، نکلنا، دل کو دیتا ہے مزا
ٹھنڈی ٹھنڈی چار جانب سنسناتی ہے ہوا
دور تک جاتی ہے سناٹے میں نغموں کی صدا
اپنے اپنے رنگ میں سب اہلِ محفل مست ہیں
شاخِ گُل پر پہلوئے گُل میں عنادل مست ہیں

آج اے دل امتیازِ دین و ملت کفر ہے
جس میں ہو تفریقِ انساں وہ شریعت کفر ہے
ناصحِ مشفق کی۔ ایسے میں نصیحت کفر ہے
شرع کی رو سے بھی ہمسایوں میں نفرت کفر ہے

یک دلی کا دَور ہو، ہندو مسلماں ایک ہوں
متحد اغراض ہوں، اجزائے ایماں ایک ہوں

ماتمِ گوری

تمہاری حوصلہ مندی دلاتی تھی یہ اُمید
کہ خاندان پہ چمکوگے بن کے تم خورشید
تمہیں سے ہوتے ہیں دنیا میں زندۂ جاوید
نہ تھا ارسطو و لقماں کی ذات میں کچھ بھید
اماں نہ موت سے پائی کہ نام کر جاتے
بقدرِ حوصلہ دنیا میں کام کر جاتے

لہ گوری سے مراد حضرت نظرؔ کے نواسے سے ہے جو چار سال کی عمر میں نہایت غیر متوقع طور پر راہیِٔ ملکِ عدم ہوا۔

ہوا تمام امیدوں کا خاتمہ تم پر
کسی سے اب نہ توقع، نہ ہے کسی پہ نظر
جہاں میں اپنا ہوا انجام کیا، نہیں یہ خبر
مرے پہ دیکھئے ملتا ہے اب کفن کیونکر
کہاں گئے مری بگڑی سنوارنے والے
پکار لو مجھے "لالہ" پکارنے والے
کدھر چلے مرے لختِ جگر کے عزیز
کہاں پہ دفن کی اس نوجواں کی ہے تجویز
کسی کو بھی نہیں افسوس نیک و بد کی تمیز
ملانے خاک میں جاتا ہے کوئی ایسی چیز
گئی جو ہاتھ سے نعمت تو قدرِ نعمت کیا
مگر خود اس کے مٹانے میں ایسی عجلت کیا
تھمو تھمو کہ اس اجڑے مکاں کا تھا یہ چراغ
بہار پہ تھا اسی نونہال سے یہ باغ
نہ ہوگا اب مجھے حاصل کبھی جہاں میں فراغ
تمام عمر دلِ ناتواں ہے اور یہ داغ
فغانِ بلبلِ جاں دل کے پار ہوتی ہے
نظرؔ کے باغ سے رخصت بہار ہوتی ہے

اسی کی ذات سے تھی بزمِ آرزو روشن
یہی تھا اپنے چراغِ اُمید میں روغن
اسی سے خانۂ دل میں تھا جلوۂ ایمن
یہی جمال تھا اس آئینے میں جلوہ فگن

اسی کے نور کی لو قلب کے چراغ میں تھی
یہی تھی روح یہی راح اس ایاغ میں تھی

ہزار ناز سے اس لختِ دل کو پالا تھا
کبھی نہ دُھوپ میں باہر اسے نکالا تھا
اسی سے خانۂ تاریک میں اُجالا تھا
قمر تھا یہ، تو نظر اس قمر کا ہالہ تھا

مجھے بھی دفن کرو اس کے ساتھ تربت میں
یہ کس طرح سے اکیلا رہے گا غربت میں

یہی تھا لختِ جگر، مایۂ نشاط یہی
یہی سُرورِ نظر، دل میں انبساط یہی
جہاں میں زیست کا سرمایہ و بساط یہی
کہ جان و جسم میں تھا وجہِ ارتباط یہی

مدارِ عمرِ دو روزہ ہے اب غمِ گوری
نفس کی آمد و شد ہے کہ "ماتمِ گوری"

ہوائے عالمِ فانی ہے خوشگوار بہت
نظر فریب ہے اس باغ کی بہار بہت
کھِلے ہیں تختۂ نسرین ولالہ زار بہت
ثمر فشاں ہیں درخشانِ سایہ دار بہت
مگر سرائے جہاں قابلِ قیام نہیں
یہاں کی صبح مقدّر میں ہے تو شام نہیں

صلائے عام

ہوشیار! اے مردِ غافل، خوابِ غفلت کب تلک
وقت جاتا ہے، قیام اس کو نہیں زیرِ فلک
ہو چکے اغیار اپنے کیل کانٹے سے درست
سج چکے ہتھیار، بہرِ جنگ ہیں چالاک و چست
پیش قدمی کر چکے ہیں سوئے میدانِ وغا
ان کی سرگرمی ہے گویا پیش خیمہ فتح کا
کچھ نہ کچھ دکھلائیں گے سب جوہرِ مردانگی
لے چکے ہیں عقل و ہمت سے یہ سب پروانگی
اک جگہ خالی ہے تیری بھی صفوفِ جنگ میں
اٹھ کے جلدی چل، پڑا ہے بے خبر کس رنگ میں
آج جو ہے، کل نہ ہوگا، کل جو تھا وہ اب کہاں
حال ہے ماضی و مستقبل پہ فائق بے گماں
ہیں گذشتہ اور آئندہ زمانے مثلِ خواب
ان کی ہستی ہے جہاں میں صورتِ موجِ سراب
امتحانِ سخت اِک درپیش تجھ کو آج ہے
کل نہ یہ موقعہ ملے گا، مل گیا جو آج ہے

خواب آئندہ زمانے کے نہ دیکھ، اُٹھ اے جواں
معرکہ اِک سخت سر کرنا ہے تجھ کو بےگماں
اِک طلسمی قلعے پر کرنا ہے دھاوا آج ہی
ایک دیوِ کوہ پیکر سے ہے لڑنا آج ہی
اِک حماقت ہے یہ کہنا "وقت ابھی آیا نہیں"
وقت ہے موجود ہر دم، وہ کہیں جاتا نہیں
کہہ گیا ہے ہم سے پہلے خوب اِک ناکامِ عشق
آج ہی ہو جائے ہونا جو ہو کل انجامِ عشق،
اس کی ہمت دیکھ، اُس کی بے قراری دیکھ تو
اور بہرِ مطلب دل جاں نثاری دیکھ تو
ہیں بہت سے کام آئندہ زمانے کے لئے
عزت و توقیر ہم چشموں میں پانے کے لئے
ہوں وہ سب پورے کہیں جلدی خدا وہ دن دکھائے
لیکن ان سے پیشتر کا کام بھی انجام پائے
پہلے یہ میدان سر کر لے کہ طاقت ہے ابھی
اور نہ لاحق ہوگی پھر جیسی ضرورت ہے ابھی

چونک خوابِ ناز سے، دل میں نہ لا کچھ پیش و پس
قافلہ تیار ہے، آتی ہے آوازِ جرس
اُٹھ! اگرچہ تجھ کو مانع ہیں گذشتہ واقعات
رہ گیا ہے دن نہایت کم، چلی آتی ہے رات
ہو چکا ہونا تھا جو کچھ، اس کا اب افسوس کیا!
اُٹھ جو اٹھنا ہو کہ تیرا خواب ہے خوابِ فنا
بھول جا گذری ہوئی باتیں کہ کچھ حاصل نہیں
پائے ہمت، بدنما زنجیر کے قابل نہیں
گو وہ کتنی ہی خوش آئند و مسرت خیز ہوں
اور دامانِ خیال و وہم میں گلریز ہوں
پھر بھی ہیں ہر طرح اِک افسانۂ خوابِ خیال
استخوانِ مردہ۔ صد سالہ ہیں بے قیل و قال
ان کی تصویرِ خیالی صفحۂ دل سے مٹا
دھیان بھولے سے بھی ان کا اب کبھی دل میں نہ لا
لیکن اتنا جس سے مل جائے سبق حسبِ رواج
حال کی جنگِ شریفانہ میں کام آئے جو آج

اٹھ مری جان . وقت جاتا ہے ڈھلا جاتا ہے دن
اور تو ہے خوابِ غفلت میں نہایت مطمئن
کان میں تیرے نہیں آتی وہ آوازِ خفیف
جنگ کو آتا ہے چپکے چپکے یوں تیرا حریف
اُٹھ بہ کہ خطرہ آ گیا نزدیک دشمن ہے قریب
اب جو تو سویا تو پھر سو جائیں گے بالکل نصیب
تیز کرنے کا نہیں موقعہ سلاحِ جنگ کو
حاجتِ مہمیز ہے اب تو سنِ شبرنگ کو
ہے یہی موقعہ اگر یہ بھی نکل جائے گا آج
گو ذرا آرام لیٹے لیٹے تو پائے گا آج
کل مگر جس وقت تو چونکے گا خوابِ ناز سے
کان کے پردے پھٹیں گے جنگ کی آواز سے
اور اٹھے گا جس گھڑی آنکھوں کو تو ملتا ہوا
دیکھ لے گا اپنے دشمن کو کہ وہ چلتا ہوا
خواب میں جس جنگ کے تو سو رہا ہے بے دھڑک
ختم وہ ہو جائے گی چونکے گا تو جس وقت تک

(آزاد ترجمہ)

سیتا جی

تھیں دیویاں ہماری عفت مآب یکسر
پڑھتیں نماز حوریں دامن پہ جن کے آکر
جنت تھی جن کو ہر دم زیرِ قدومِ شوہر
وہ ہو فقیر کوئی یا شاہ ہفت کشور
یہ جانتیں اسی کو، یہ مانتیں اسی کو
اپنا خدائے عالم گردانتیں اسی کو

ان دیویوں میں سیتا سرمایۂ وفا تھیں
جو رام چندر جی کی بانوئے خوش ادا تھیں
شمعِ حریمِ دل تھیں، خورشیدِ پُر ضیا تھیں
باطن میں ایک تھیں وہ، ظاہر میں گو جدا تھیں

کاشانۂ جہاں میں تھے رام شعلۂ نور
نورِ ازل کی خاطر سیتا تھیں شمعِ کافور

دونوں کی ذات سے تھی، دونوں جہاں کی رونق
یہ تھی زمیں کی رونق، وہ آسماں کی رونق
دونوں کے دم سے دونی کون و مکاں کی رونق
جس طرح بلبل و گل ہیں بوستاں کی رونق

دونوں ہی الغرض تھے چشم و چراغِ عالم
فیضِ قدم سے جن کے جنت تھا باغِ عالم

سیتا کے عیش میں جب رخنہ فلک نے ڈالا
اور رام کو محل سے بن باس کو نکالا
رخصت ہوا نظر سے گھر کا وہ جب اجالا
دے دے کے ان کو تسکیں سب نے بہت سنبھالا

سائے کی طرح لیکن دنیائے رام تھیں وہ
شامِ شبِ الم میں ماہِ تمام تھیں وہ

چھالوں کی خوں فشانی کو سوں وہ دشتِ پُرخار
زخمی تھے پائے نازک، چلنا تھا سخت دُشوار
شوہر کے ساتھ لیکن وہ دشت بھی تھا گلزار
راحت سے اس کی مطلب، خدمت سے تھا سروکار
چہرہ تھا زرد لیکن دل میں شگفتگی تھی
ہردم تھیں پیشِ شوہر اس کی بڑی خوشی تھی

صحرا میں رام و لچھمن پھرتے تھے بادلِ شاد
سیتا تھیں ساتھ خوش خوش، آتی نہ گھر کی تھی یاد
بستی سے موڑ کر منہ، جنگل کیا تھا آباد
بن باس کی غرض تھی، چودہ برس کی میعاد
نیکی سے ان کے ممنوں جن بھی تھے اور بشر بھی
مانوس ہو گئے تھے جنگل کے جانور بھی

راون نے دے کے دھوکا جب رام سے چھڑایا
صحرا میں چار جانب، سیتا کا رنج چھایا
جنگل کو چھان ڈالا، لیکن پتہ نہ پایا
پائی نہ گرد اُن کی، دیکھا نہ اُن کا سایا
لچھمن انہیں اکیلا کیوں چھوڑ کر گئے تھے
بھائی کی، جوشِ خوں سے لینے خبر گئے تھے

اے ساکنانِ صحرا، سیتا کدھر گئی ہیں
اے کوہ و دشت و دریا سیتا کدھر گئی ہیں
اے آہوانِ رعنا، سیتا کدھر گئی ہیں
کچھ دو نشاں خدارا، سیتا کدھر گئی ہیں

ہوتی ہے شام اب تک ان کا پتہ نہیں ہے
منزل سے دُور جانا، اس دم روا نہیں ہے
کیا جانے کیا مصیبت گذری ہے اس حسیں پر
صدمہ بہت ہے اس دم میرے دلِ حزیں پر
زیور پڑا ہوا ہے سیتا کا سب زمیں پر
آنسو کے بھی نشاں ہیں، ظاہر کہیں کہیں پر

دل کو نہیں ہے دم بھر تابِ غمِ جدائی
ہر وقت کس سے ہوگا، یہ ماتمِ جدائی
تیر و کماں تو لاؤ، دیکھوں کہاں ہے سیتا
کس پردۂ خفا میں آخر نہاں ہے سیتا
حالت ہے زار اُن کی یا شادماں ہے سیتا
دل کو مِرے یقیں ہے، محوِ فغاں ہے سیتا

اونچا ہے اس جہاں سے اے آسماں بتا دے
تیری نظر میں سب ہے سیتا کا کچھ پتا دے

کرتے ہوئے یہ زاری جاتے تھے رام بن میں
بلبل ہو جیسے نالاں، پھولے پھلے چمن میں
لچھمن انیسِ غربت، ہمدرد ہیں محن میں
ہوتی ہے ان سے تسکیں اس رنج دلشکن میں

بھائی ملے تو ایسا ہمدم ملے تو ایسا
زخمِ جگر کی خاطر، مرہم ملے تو ایسا

یاں دل کے رام کو تھی ایذائے بے قراری
سیتا پہ روتے روتے غش اُس طرف تھا طاری
تھی رہ نوردِ لنکا اُن کی ابھی سواری
راون کی کبھی خوشی تھی اس وقت اختیاری

پہنچا میانِ لنکا جس دم ہنسی خوشی سے
اک باغ میں اتارا سیتا کو خامشی سے

زیرِ درخت روئیں جی کھول کر وہ یک چند
سیلابِ چشم امنڈا، پلکوں کا توڑ کر بند
اس دل پہ بارِ غم ہے، کل تک رہا جو خورسند
روتی تھیں چپکے چپکے شمع سحر کے مانند

پابندِ شرم تھیں وہ نفرت رہی فغاں سے
گھٹ گھٹ کے جان کھوتیں، کہتیں نہ کچھ زباں سے

راون تھا دیوِ سرکش لیکن فہیم و دانا
ازبر تھے وید چاروں، عالِم وہ بے بدل تھا
آکر حضورِ سیتا، اظہارِ شوق کرتا
لالچ ہر اِک طرح کے دیتا تھا بے محابا
گستاخیوں سے لیکن مطلب نہ کچھ وہاں تھا
رازِ نجات اس کا اِس طور میں نہاں تھا

انساں کوئی جہاں میں اس کا نہ تھا مقابل
تھی یوگ کی بدولت عمرِ دوام حاصل
اس زعم میں ہوا تھا ظلم و ستم پہ مائل
نالاں تھی اس سے خلقت لرزاں تھے خوف سے دل
قاتل کوئی نہ اس کا اوتار کے سوا تھا
پُرخاشِ رام سے بھی اس کا یہ مدّعا تھا

آخر کو بعدِ مدّت جس دم خبر یہ پائی
فوراً ہی سوئے لنکا کی رام نے چڑھائی
دل سے لگی ہوئی تھی، سیتا کو دیں رہائی
فوجیں ہوئیں اکٹھی بدلی سی ایک چھائی
بپھرے ہوئے بہادر شیرِ ژیاں کی صورت
لشکر ہوا روانہ ابرِ رواں کی صورت

راون بھی لے کے نکلا اِک فوجِ کوہ پیکر
اُٹھ کر زمیں سے پہنچی گردوں پہ گردِ لشکر
ہیبت سے اس کی کانپے دنیا کے بحر اور بر
تیغیں کھنچی ہوئی تھیں، نکلے ہوئے تھے خنجر
مرنے پہ راکھشش سب بیڈھب تُلے ہوئے تھے
نقارے بج رہے تھے، پرچم کھُلے ہوئے تھے

آخر کو فوجِ راون میداں میں کام آئی
پھر بھی بہادری سے اس نے شکست کھائی
مشکل تھی موت اُس کی لیکن اماں نہ پائی
سیتا کو قیدِ غم سے فوراً ملی رہائی
زنداں سے چھُٹ کے آئیں جس دم وہ جانِ عصمت
لازم ہوا کہ پہلے دیں امتحانِ عصمت

دیکھا جو سمتِ شوہر، پایا کبیدہ خاطر
اگلی سی وہ محبت چہرے سے تھی نہ ظاہر
از بس مزاجداں تھیں اور رازِ دل سے ماہر
سمجھیں کہ بدگمانی لائی ہے رنگ آخر
عورت کی زندگی کیا شوہر جو بدگماں ہو
کہنے لگیں کہ فوراً اس شک کا امتحاں ہو

داخل ہوئیں چتا میں آخر وہ بے محابا
شعلوں سے آگ کے تھا آتش کدہ وہ حجرا
اس طرح آگ میں تھا روشن وہ روئے زیبا
خورشید ہو افق میں جس طرح عالم آرا

گردوں سے ہو رہی تھی دیوی پہ بارشِ گُل
ہر لب پہ مدحِ سیتا ہر سمت تھا یہی غل

جب آگ سے ہوا کچھ ان کا نہ بال بیکا
پہنچا ثبوتِ کامل جب پاک دامنی کا
تب رام نے بھی بڑھ کر اُن کو گلے لگایا
عظمت ہوئی مسلّم، آنکھوں پہ سب نے دی جا

لنکا کو فتح کر کے رام آئے جب وطن میں
آئی بہارِ رفتہ، اُجڑے ہوئے چمن میں

فوجیں بھی ہم عناں تھیں منصور اور مظفر
مدت سے منتظر تھا تختِ شہی وافسر
آخر کو تاج پوشی کا دن ہوا مقرر
بجتے تھے شادیانے فرطِ خوشی سے گھر گھر

تیاریاں ہزاروں دربارِ عام میں تھیں
سیتا بھی جلوہ آرا پہلوئے رام میں تھیں

تیغِ ہندی

کون سے گوشے میں ہے اے تیغِ ہندی تو نہاں
دُھوم تھی تیری روانی کی میانِ دو جہاں
غلغلہ تھا خوں فشانی کا تری کونین میں
کانپتے تھے تیری ہیبت سے زمین و آسماں
تیرا لوہا آگ برساتا تھا بجلی کی طرح
جس کے شعلے تا فلک جاتے تھے وقتِ امتحاں
تو وہ بجلی تھی کہ تیری آنچ سہہ سکتے نہ تھے
الاماں کا شور رہتا تھا میانِ انس و جاں
کڑکڑا کر جس طرف گرتی تھی ہنگامِ نبرد
خاک کرتی تھی جلا کر لہلہاتی کھیتیاں
شعلۂ نارِ جہنم تیرے آگے سرد تھا
آگ تھی کچھ اس غضب کی تیرے پانی میں نہاں

اے مجسم قہرِ حق ! اے شہپرِ بالِ قضا
اے سراپا فتنۂ حشر، اے بلائے ناگہاں
خونفشانی کی تری شاہد ہے گردوں پر شفق
لالۂ خونیں کفن بسمل ہیں تیرے بے گماں
میاں میں رہتی نہ تھی تو اے حسینِ شوخ و شنگ
چین بے محشر خرامی تجھ کو دم بھر تھا کہاں

ق

جب زمیں پر تجھ کو شوخی سے نہ آتا تھا قرار
پوچھتی تھی جا کے گردوں پر مزاجِ قدسیاں
تیرے دم سے تھے نمونے حشر کے میدانِ جنگ
چال تیری باندھ دیتی تھی قیامت کا سماں

(ناتمام)

مُرقّع بہار

فصلِ گل میں دید کے قابل ہے تاثیرِ بہار
طوطیا ہے خاکِ گلشن بہرِ چشمِ روزگار
نور آتا ہے سوادِ بوستاں سے آنکھ میں
معدنِ کُحل الجواہر ہے زمینِ لالہ زار
سبزیاں پائے نظر میں ڈالتی ہے موجِ رنگ
بوئے گل ہے صیدِ دل کو اِک کمندِ تابدار
موجۂ بادِ سحر طوقِ گلوئے شوق ہے
رام بہرِ مرغِ جاں ہے نکہتِ لیلائے بہار
جلوۂ گل، صحنِ گلشن اور تماشائی ہوں میں
طور ہو موسیٰ و تجلّی کا سماں ہے آشکار
خندۂ گل کی ادا کرتی ہے کارِ برقِ طور
بیخودی سی دل پہ طاری ہو رہی ہے بار بار

سبزۂ خوابیدہ کیا چونکے کہ انسانوں کو بھی
نیند آتی ہے فضائے باغ میں بے اختیار
جلوۂ گلہائے بوقلموں ہے گویا ایک خلد
دیدۂ نرگس بھی ہے محوِ تماشائے بہار
بوئے گل سے عنبرآگیں ہے بیابانِ کوہ و راغ
عطر بیزی کر رہا ہے دشت و صحرا کا غبار
گلشن و بستاں میں ہے کیفیتِ دشتِ ختن
غنچۂ سربستہ ہیں یا نافۂ مشکِ تتار
موتیوں میں تل رہے ہیں قطرۂ شبنم سے پھول
تولنے کو بن گئی کانٹا چمن میں نوکِ خار
مسکرا کر جھومتی ہے شاخِ گل پر ہر کلی
پھول جامے میں نہیں پھولے سماتے زینہار
بن سنور کر کیا اکڑتے ہیں جوانانِ چمن
کس قدر دل کش ہے شمشاد و صنوبر کی قطار
کس ادا سے جلوہ گر ہے شاخِ گلبن پر گلاب
تخت پر بیٹھا ہے گویا بوستاں کا تاجدار

سبز پتوں کے درختوں کو نئے خلعت ملے
پھول اِک دستارِ رنگیں ہے سرِ ہر شاخسار
شاہدانِ باغ کا جوبن ہے کیا نکھرا ہوا
اک نظر جو دیکھ لے، برسوں رہے دل بیقرار
نرگسِ شہلا ہے یا چشمِ عروسِ بوستاں
سُرمگیں آنکھوں کو جس کی دیکھ کرتا ہے پیار

قطعات

زندگی کی کشمکش میں مبتلا ہے اِک جہاں
جنگِ ہستی چاہتی ہے عقل کے تیر و کماں
ہندیوں کو بھی مصافِ زندگی ہے ناگزیر
لے کے نکلیں ہاتھ میں فہم و فراست کا نشاں

علم سے زائد ترقی چاہیے صنعت میں آج
ساری دنیا سے ہیں کم ہم مال میں دولت میں آج
ہند میں اہلِ زراعت کچھ غنیمت ہیں نظر
ورنہ کھانے کو نہ ملتا اس قدر عسرت میں آج

غیر ملکی مال پر ہے گر تجارت کا مدار
ہند کا افلاس بڑھتا جائے گا بے قیل و قال
تاجرانِ ہند گر لوٹیں گے اہلِ ہند کو
لٹنے والے لائیں گے کس ملک سے لُٹنے کو مال

اگر کوشش ہو صنعت میں، زراعت میں ترقی ہو
تو دوہرے راستوں سے اپنی دولت میں ترقی ہو
حکومت کو بھی لازم ہے کرے نرمی محاصل میں
بڑھائے دل رعایا کا کہ محنت میں ترقی ہو

سلطنت سے جو ملے اس کو غنیمت جانئے
شکرِ نعمت کیجئے احسان شاہی مانئے
ہے جنوں، پرخاش اگر رکھے حکومت سے کوئی
بے وقوفی ہے، ہوا سے کیوں لڑائی ٹھانئے

سہرا

دیکھ نوشاہ ذرا منہ سے اٹھا کر سہرا
کہکشاں گوندھ کے لائی ہے فلک پر سہرا

کامرانی کا جو ہے آج ترے سر سہرا
مرکزِ تارِ نظر ہے ترے منہ پر سہرا

اے زہے نورِ سعادت کہ ہے چہرے پہ ترے
مجمعِ تارِ شعاعِ مہ و اختر سہرا

موتیوں کو یہ توقع ہے کہ شاید ہوں قبول
ہر صدف لائی ہے کشتی میں لگا کر سہرا

قیمتِ ہر دو جہاں، قیمتِ یک دانۂ دُر
پھر یہ افراط کہ ہے خرمنِ گوہر سہرا

سر پہ دولہا نے چڑھایا تو فلک پر ہے دماغ
پاؤں کب ناز سے رکھتا ہے زمیں پر سہرا

نازکی سے اسے اک بحرِ لطافت کہئے
موج ہر ایک لڑی ہے تو سمندر سہرا

لاکھ دولہا نے چھپایا بتقاضائے حجاب
نہ بنا پھر بھی نقابِ روئے انور سہرا
روئے روشن ہے چراغِ تہِ دامن کی طرح
ہو گیا پرتوِ عارض سے منور سہرا
کشمکش غنچہ و گل میں ہے چمن میں کیسی
کس کو در کار ہے پھولوں کا مکرر سہرا
شاخ در شاخ ہیں یہ پھول کہ لائی ہے بہار
نذر کے واسطے پھولوں کا بنا کر سہرا
دستِ نازک ترے مالن کوئی چومے آکر
کہ ہے آرائشِ نوشہ کا ترے سر سہرا
تھی مہکنے کے لئے پھولوں کی خوشبو کیا کم
عطر مَل مَل کے کیا اور معطر سہرا
باریابی پہ خوشی دل کی چھپائے نہ چھپی
کھل گیا آتے ہی پھولوں کا سراسر سہرا
بڑھ گیا فکرِ نظرؔ سے یہ فروغِ مضموں
رو کشِ مہرِ جہاں تاب ہے یکسر سہرا

حامد علی خاں کے نام

کہہ دے یہ کوئی حامدِ مخلص نواز سے
حالت تباہ ہے نظرِ بد نصیب کی
بیماریٔ طویل مرض دیرپا و سخت
کن مشکلوں میں جان پھنسی ہے غریب کی
بسترسے بے مدد اسے جنبش محال ہے
چلنے کے واسطے ہے ضرورت جریب کی
کمزور ہو گیا ہے دماغ اس قدر کہ آہ
کانوں کو ناگوار صدا ہے قریب کی
آواز میں وہ ضعف کہ اللہ کی پناہ
جیسے ہو دردمند صدا عندلیب کی

ہے اقتضا مرض کا اچھا علاج ہو
حالت یہ ہے کہ نیس غضب ہے طبیب کی
تیماردار ہے، نہ کوئی غم گسار ہے
اِک بیکسی رفیق ہے جانِ غریب کی
یہ سختیٔ زمانہ دکوتاہیٔ نصیب
مدّت سے منقطع ہے نوازش حبیب کی
آزار جاں گداز ہے، مختل حواس ہیں
کس طرح کارگر ہو نصیحت طبیب کی
بے دام کس طرح سے ملے شیر و شوربہ
برسوں نہ دے غذا تو عنایت طبیب کی
مشکل نظر کی دور ہو یہ کیجئے دعا
درکار نیم جاں کو مدد ہے طبیب کی

نظرؔ کے نام

بعدِ نمازِ صبح پڑی ڈاک پر نظر
اِک خط سے صاف آتی تھی بو اِک حبیب کی
کھولا لفافہ، خط کو پڑھا: پڑھ کے رکھ دیا
حالت تھی اس میں درج نظرؔ سے ادیب کی
منظوم خط کے شعر تھے نشتر لئے ہوئے
مرہم ہے زخمِ دل کو صدا عندلیب کی
مضمون خط میں کیا تھا علالت کا ذکر تھا
گزرا یہ مجھ پہ غم ہوئی حاجت طبیب کی
مدّت سے تھا مریض، مرض اور بڑھ گیا
بارِ گراں ہے اب تو امانت جریب کی
اس درجہ غم سے طاقتِ حامد ہوئی ہے سلب
کمزور جسم، شکل ہے گویا صلیب کی

کثرت سے قدر دان ہیں، کثرت سے دوست ہیں
کیوں بیکسی رفیق ہے جانِ غریب کی

مجھ سے اگر خطاب کیا تو غضب کیا
الفت بھری ہے دل میں نظرؔ سے ادیب کی

میں اور تم سے سلسلہ الفت کا ترک ہو
کیا خوب تم نے قدر کی اس بے نصیب کی

حاضر ہے یہ مکان نظرؔ آپ کے لئے
خدمت کروں گا جیسے عزیزِ قریب کی

مانا یہ میں نے آپ کے مختل حواس ہیں
اور ہے دوائے تلخ نصیحت طبیب کی

حامد کی یہ دعا ہے نظرؔ، جلد ہو شفا
فضلِ خدا ہو، مہر ہو اس کے حبیب کی

حامد علی خاں کے نام

نامہ ملا جو مرہمِ زخمِ جگر ہوا
وجہِ تسلّیٔ دل و جانِ نظر ہوا

ہر شعر ہے محبتِ خالص کا آئینہ
دل پر اس التفات کا بیحد اثر ہوا

میں آپ کے مکان میں آکر رہوں مگر
"زحمت بہت ہے حال جو نوعِ دگر ہوا"

مشکل ہے اہتمام دوا اور غذا کا روز
گویا یہ انتظام نیا دردِ سر ہوا

تکلیف ہوگی آپ کو ہر حال میں ضرور
افسوس ہے جو باعثِ زحمت نظر ہوا

کہنے کو قدرداں ہیں بہت دوست ہیں بہت
لیکن نہ بے کسی میں کوئی چارہ گر ہوا

شکوہ نہیں کسی کا بہر حال شکر ہے
غم کیا ہے، غم گسار نہ کوئی اگر ہوا
محروم مدتوں سے ہوں اہل و عیال سے
برسوں سے بیکسی میں زمانہ بسر ہوا
مرہم ہیں قلب ریش کا اخلاق آپ کے
ممنون انتہا سے زیادہ نظرؔ ہوا
اِک قافیہ جبیب بھی تھا نظم ہو گیا
وہ باعثِ تکدّرِ خاطر مگر ہوا
حاشا کہ تھا نہ روئے سخن آپکی طرف
نادم سیاقِ نظم سے میں سر بسر ہوا
واللہ میں نوازشِ حامد کا ہوں مُقر
زائل کبھی نہ خُلد سے جس کا اثر ہوا

نظر کے نام

اب فرض مجھ پہ شکریۂ نامہ بر ہوا
خط کا سواد سرمۂ چشمِ نظر ہوا
منظوم خط میں درج ہوئے تھے جو چند شعر
نکلے تھے دل سے، دل پہ اسی کا اثر ہوا
مصرعہ یہ پڑھ کے غیر مرا حال ہو گیا
"زحمت بہت ہے جان جو نوعِ دگر ہوا"
یہ کیا کہا، خیال تمہارا کدھر گیا
صحت ہے اسیرِ اُس اگر چارہ گر ہوا
کہتے تھے دل اب اِس نہیں درست آپکا
بولو کہ چار روز میں موٹا نظر ہوا

تکلیف شکریہ کی اٹھاتے ہو کیوں نظر
صد شکر، کوئی کام تمہارا اگر ہوا
مجھ سے اگر خطاب کیا تو غضب کیا
نادم یہ لکھ کے میں بخدا سر بسر ہوا
آیا تھا اِک خیال مِرے دل میں کھٹیا
افسوس ہے وہ وجہِ کدورت اگر ہوا
اب وہ خیال دل سے کر دو دور اے نظر
کچھ ناگوارِ طبع جو اس کا اثر ہوا
لاکھوں ہیں غم اٹھائے پر احساں اٹھ سکا
صد شکر اس طرح جو زمانہ بسر ہوا
کٹنے کو کٹ گئی بخدا بات رہ گئی
حامد کا چارہ ساز تِرا چارہ گر ہوا

(1) A es pareson آپ یہ اُس زمانے میں میڈیکل کالج لکھنؤ کے پرنسپل تھے
(2) دِل Well (3) اِل = ill

متفرقات

اتنی ہی رہ گئی ہے اب کائنات دل کی
دیکھو گے جب تم آکر کچھ اضطراب ہوگا

ہنستا ہے داغِ جگر پہ تھر سے ہے
پھول اُن کے ہاتھ کا توڑا ہوا

مطلبِ دل کا لبِ شمع سے پایا نہ جواب
سرِ گُھنارات کو پروانوں نے کیسا کیسا

عشق نے لاکھ دیئے قلزمِ غم میں غوطے
پیرہن خشک رہا، صورتِ گوہر اپنا

منزلت اپنی اگر غور سے دیکھی ہوتی
آپ میں چشمِ تماشائی، تماشا ہوتا

مد نظر ہے عالمِ فانی کی مجھ کو سیر
عینک بناؤں ڈھونڈھ کے چشمِ حباب کا

اہلِ دنیا کو کسی دن نہ ہوئی فکرِ عدم
کیا مسافر ہیں کہ جن کو نہ وطن یاد آیا

نہ ملتا مدعائے دل درم ملتا جو منعم سے
مگر اک داغ بن کر وہ کفِ سائل میں رہ جاتا

دہانِ گور کو بے حس نہ سمجھو تو چھپنے والو
کہے گا حال خود اپنا مرا مُردہ زباں ہو کر

اے انقلابِ عالم تو بھی گواہ رہنا
کاٹی ہے عمر ہم نے پہلو بدل بدل کر

دیدنی ہے صحبتِ ہم جنس باغِ دہر میں
پیار سے منہ رکھ دیا انگور نے انگور پر

مرا دل پھیر دیں، میں وعدۂ فردا سے درگزرا
قیامت میں سنے گا کون میری شورِ محشر میں

سرائے دہر میں مہماں نوازی بھی عجب شے ہے
خوشی سے پاؤں پھیلاتے ہیں ارماں تنگ دامن میں

ساری دنیا کی زمیں بسترِ گل ہے، لیکن
ہم جس آرام کے طالب ہیں وہ آرام نہیں

اہلِ دل کو سرزمینِ عشق میں راحت نہیں
اک بلائے آسمانی ہے، غمِ فرقت نہیں

آخرش کرمکِ غم نے ورقِ ہستی سے
صورتِ حرفِ غلط کر دیا زائل مجھ کو

ہے علادنوں کو نفس کُشی باعثِ حیات
جی جاؤں میں جو دل کی تمنا کرے کوئی

تمہیں بلاؤ تو آئے کہیں قضا میری
مری زباں سے تو سنتا نہیں خدا میری

قفس سے چھُٹ کے ہوا باغ باغ دل کیسا
بہار دے گیا اُجڑا ہوا نشیمن بھی
پسندِ جلوۂ جاناں ہو گیا، خدا معلوم
ہمارے دل کے برابر ہے وحشتِ ایمن بھی

وہ چھڑکتے ہیں نمک، کہتے ہیں زخم
اب ہنسیں گے، جس قدر ہم رو چکے

نزع میں دیکھا جوان کو اپنے پاس آتے ہوئے
اُٹھ گئے اِک بار دونوں ہاتھ تھراتے ہوئے

دودِ چراغِ کشتہ تھی ہستی ہماری کیا
سمجھے ہزار سال جو دم بھر یہاں رہے

میں وہ رندِ بادہ کش تھا، خاک جس کی بعد مرگ
لوگ لے جاتے ہیں پیمانہ بنانے کے لئے
میں وہ دیوانہ ہوں جس کو چین مر کر بھی نہیں
آئی وحشت قبر میں شانہ ہلانے کے لئے

باغِ عالم میں رہے بے لوث ہم سب سے نظر
سیرِ گلشن کی مگر الجھا نہ دامن خار سے

بہت آسماں آج کل مضطرب ہے
کسی پر ہیں وہ مہرباں ہونے والے

یا دل ہے مرا، یا ترا نقشِ کفِ پا ہے
غل ہے کہ اِک آئینہ سرِ راہ پڑا ہے

نہ چھیڑ اے ہم نشیں ناکامیٔ حسرت کا افسانہ
کہ اب تو بات کرنے سے بھی دل میں درد ہوتا ہے

مبہ نی ہے کیا جانے کیا بُرائی، قفس سے پاتے نہیں رہائی
گلوں کی بُو تک نہ اُڑ کے آئی، اِدھر کی شاید ہوا نہیں ہے

معشوق بے مروّت واحباب خود غرض
سچ ہے وفا کی جنس کا دنیا میں کال ہے

یہ کس انداز سے ہم کو مٹایا نا اُمیدی نے
تماشا ہے کہ ہم زندہ ہیں، دل مُردوں میں شامل ہے

○○

نظر صاحب کے یہاں وہی چونکا دینے والی کیفیت ہے جو اردو شاعری کی ایک ممتاز خصوصیت رہی ہے اور جو شاعری کی انفرادیت کے ساتھ ساتھ اردو کے بانکپن کا بھی پتہ دیتی ہے۔

غالباً پہلے پہل نظر صاحب کے کمال کا اعتراف ہمہ گیر طور پر اردو مرکز (لاہور) کے انتخابات میں کیا گیا اور انکا منتخب کلام ان کے شایانِ شان انداز میں شامل ترتیب ہوا۔ اس سے پہلے بھی ان کا تذکرہ کئی مقامات پر آیا اور مختلف تذکرہ نگاروں اور ناقدوں نے ان کے فن و کمال کو تسلیم کیا۔

دلی سے لیکر فراق تک متعدد شعراء کا بانکپن اور رنگیلی روش ہی اردو شاعری کو ابدی بنائے ہوئے ہے، بلاشبہ نظر صاحب اسی منفرد اور انوکھے اسلوب کو آگے بڑھانے والوں میں ہیں جو نسیم، چکبست، سرور، اور فانی کے یہاں پرورش پاتا رہا۔ کیا نظم کیا غزل ہر کہیں ان کی بلندی قائم رہتی ہے اور انھیں اردو کے ممتاز شعراء کی صف میں نمایاں مقام دلواتی ہے، شاید ہی کوئی ایسا خودکار ہو گا جو انھیں انکے کلام میں شیفتہ، عزیز، اور ثاقب کا ہم پایہ نہ دیکھے گا۔

بالعموم صرف غزل یا صرف نظم کسی شاعر کا طرۂ امتیاز رہتی ہے، لیکن نظر صاحب کے یہاں دونوں ہی امتیازی شان رکھتی ہیں۔ یقیناً اردو کی جاندار شاعری کا ایک حصہ ان کا مرہون منت ٹھہرایا جائے گا اور انھیں اردو کا ایک خون دینے والا مجنوں تسلیم کیا جائے گا۔

ظفر ادیب